ESSAI

SUR LES MOYENS

DE RELEVER LE CRÉDIT EN FRANCE

ET D'AUGMENTER

LES RESSOURCES FINANCIÈRES, COMMERCIALES, INDUSTRIELLES ET AGRICOLES,

ET DE RAPPELER DANS LA CIRCULATION

TOUT LE NUMÉRAIRE QUI SE TROUVE A L'ÉTRANGER.

Par M. Ph. HEDDE,

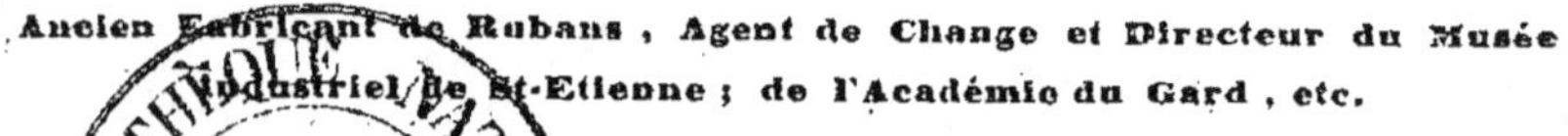

Ancien Fabricant de Rubans, Agent de Change et Directeur du Musée Industriel de St-Etienne ; de l'Académie du Gard, etc.

Aux grands maux les grands remèdes.
(*Proverbe.*)

PARIS,

BAILLÈRE, LIBRAIRIE RUE ÉCOLE DE MÉDECINE.

1849.

On sait que, depuis la révolution de 1848, le NUMÉRAIRE est devenu rare en France, et que beaucoup de *pièces d'or ou d'argent* ont été exportées à diverses époques, et circulent dans les pays étrangers ; et qu'enfin ce serait rendre un grand service que de trouver le moyen de faire revenir tout ce numéraire dans la circulation française et de rendre sa sortie désormais impossible

On sait aussi que presque tous les IMPÔTS qui pèsent sur les contribuables sont mal répartis ; qu'il y aurait de grandes réformes à effectuer, de grandes économies à faire et de grandes ressources à trouver dans les nouvelles combinaisons financières qui pourraient être opérées.

On sait encore que, par les lenteurs apportées dans la marche des tribunaux ordinaires, les PROCÈS sont souvent interminables, et deviennent une cause de ruine et de division pour les familles ; et que, par l'application des *arbitrages amiables*, on pourrait voir bientôt disparaître ce déplorable état de choses.

On sait enfin que, par le système actuel des hypothèques, les propriétaires sont écrasés par les intérêts élevés qu'ils sont obligés de payer, et que la création d'une BANQUE HYPOTHÉCAIRE, avec toutes les garanties désirables, offrirait de grands avantages, et entr'autres :

La possibilité de pouvoir établir sur tous les points de la France de GRANDS TRAVAUX de *terrassement*, d'*endiguement* et d'*irrigation*, qui permettraient le *reboisement*, amèneraient la *cessation des inondations et l'extinction du paupérisme.*

Ce sont ces considérations, au moment où ces importantes questions sont sans cesse proposées, sans avoir encore pu être résolues, qui m'ont engagé à essayer de publier le fruit de mes recherches et de mes observations.

Sans autre préambule, j'entre donc en matière, après avoir toutefois présenté quelques réflexions sur la situation des affaires avant la Révolution de février 1848, et avoir fait connaitre l'état des esprits depuis cette époque jusqu'à ce jour 1er juillet 1849.

ESSAI.

Principiis obsta. (OVIDE.) *Felix qui potuit.* (VIRGILE.)
Il est toujours utile de remonter à la cause du mal.

Remontez à l'origine des contestations, videz-les
par les arbitrages amiables, prêchez l'*union* et la
concorde, vous verrez disparaître les procès, et régner
la paix et le bonheur.

Arrêtez les sources, entravez les ravins, les ruisseaux, vous n'aurez plus d'*inondations*, ni de séche-
resses ; l'abondance, la fertilité succéderont à la
misère, à la disette ; et, en procurant des TRAVAUX
utiles, vous éteindrez l'oisiveté et la mendicité, mères
de tous les vices.

EN France, et pourquoi ne le dirait-on pas, car la
vérité avant tout ; en France, avant la révolution de
février 1848, la CORRUPTION gouvernementale et ad-
ministrative débordait de toutes parts : rois, ministres,
fonctionnaires, presque tous puisaient à pleines mains
dans les coffres de l'État, c'est-à-dire, dans la bourse
des pauvres industriels, des pauvres négociants, des
pauvres propriétaires, en un mot, dans la caisse
d'épargnes des pauvres artisans, des pauvres ouvriers.
Instrument de la justice de Dieu, le PEUPLE, c'est-
à-dire, tous les citoyens, car le peuple c'est le pauvre,
c'est le riche, c'est l'ouvrier, c'est le manufacturier,
c'est l'industriel, c'est le négociant, c'est la nation
toute entière ; *le Peuple*, indignement trompé, a brisé
comme un verre, a balayé cette royauté, ce gouvernement cupides, corrupteurs et mensongers ; il espérait

obtenir de grandes réformes sociales, voir diminuer les impôts, et son sort s'améliorer, à cause des grandes économies qui devaient être opérées dans toutes les parties de l'administration, et par la plus juste répartition des impôts, et que, par suite de ces améliorations financières, un plus grand essor serait imprimé aux diverses branches des arts, du commerce et de l'industrie agricole et manufacturière.

Cependant, quelques mois s'étaient à peine écoulés depuis l'avénement d'une République, saluée par des acclamations presque unanimes, que déjà la confiance, le crédit, avaient presque disparu, le commerce était presque ruiné, les fabriques étaient en chômage et presque toutes abandonnées ; l'industrie manufacturière était aux abois, tandis que les produits de l'agriculture étaient dépréciés ; enfin, presque partout, au lieu du crédit, de l'activité, de la confiance qui régnaient avant cette révolution, c'était le découragement, la méfiance, la terreur, souvent même le désordre et la révolte, précurseurs de la guerre civile.

Par une protection providentielle sur la France, la révolte, la guerre civile plusieurs fois comprimées, la confiance n'a pas tardé à renaître, le crédit public et particulier n'a pas tardé à se relever, car chacun, après avoir pu sonder un instant la profondeur de l'abîme où le pays avait failli être précipité, par suite des utopies et des idées désordonnées de quelques démolisseurs sociaux, avait pu se demander, avec un certain effroi, où l'on voulait aller.

Et chacun encore, apercevant les mécontentements qui existaient sur tous les points de la France et les éléments de misère et de discorde qui se rencontraient presque partout, et surtout les augmentations d'impôts et les emprunts reconnus cependant nécessaires, par

suite du dépérissement des ressources fiscales, financières, commerciales, industrielles et agricoles de la
France, chacun se demandait enfin alors, et chacun
se demande, malheureusement encore aujourd'hui,
comment, avec des ressources aussi éventuelles, aussi
précaires, et qui diminuent encore chaque jour par
suite des suppressions d'impôts et des augmentations
de charges, on pourra subvenir à tous les services
publics et aux besoins de toutes les populations des
villes et des campagnes, auxquels la République avait
cependant promis un si grand bonheur, et comment
on pourra pourvoir à l'*assistance de tant de pauvres*,
à l'existence de ces masses d'ouvriers auxquels on
avait semblé promettre, nous dirons plus, assurer,
garantir du travail.

Véritable tonneau des Danaïdes, où viendraient s'en-
gloutir, bien certainement, toutes les ressources de la
France, si on n'y portait un prompt remède; labyrinthe
inextricable où viendraient sans cesse s'égarer les idées
de nos modernes économistes, si on écoutait leurs ridi-
cules projets; égoïsme et ambition, soif de l'or et des
places, les plus désordonnés dans tous les rangs de la
société, voilà le mal; quels remèdes pourrait-on lui
opposer?

Telle est la question qui est dans toutes les bouches,
surtout aujourd'hui où, parvenu à la deuxième année
de notre *République démocratique*, le gouvernement,
par suite de l'exiguité des ressources financières, est
forcé d'en venir aux expédients pour *essayer* de créer
de nouvelles charges, établir de nouveaux impôts quelquefois plus propres à diminuer la confiance, à faire
resserrer le crédit et à paralyser, par conséquent, encore davantage la marche déjà si incertaine, si chan-
celante du commerce et de l'industrie agricole et manufacturière.

Je dis *essayer* car malheureusement, depuis dix-huit mois, on en est toujours aux essais : essai de la République, de la Constitution et des lois; essai des impôts, des emprunts, des administrateurs, etc. Et puisque tout le monde en France en est aux essais, apportons aussi notre pierre d'essai pour consolider, s'il est possible, ce pauvre édifice social si vivement ébranlé.

Toutefois, quoi qu'il en soit, on ne peut se le dissimuler, il faut même le proclamer ouvertement, le remède à tant de maux, à tant de misères ne peut se trouver que dans un système de conciliation, d'ordre et d'économie, dans des modifications d'impôts et d'emprunts, dans de nouvelles combinaisons financières, monétaires et hypothécaires, et, surtout, dans une nouvelle organisation de travaux utiles ; mais avant tout, il faut de l'argent, qui amène le crédit, et par conséquent le travail, et dans ce moment surtout chacun sait qu'il faut beaucoup d'argent, et quoi qu'on dise, quoi qu'on fasse, vu le plus grand essor imprimé aux idées et aux choses, plus on ira, plus il faudra de l'argent.

Au reste, l'argent a toujours presque tout représenté, et encore aujourd'hui il représente presque tout; car l'argent est la base de toutes les affaires gouvernementales, commerciales et industrielles ; et, dès-lors, il peut être considéré comme le nerf principal du Gouvernement, du commerce et de l'industrie ; mais on sait aussi, comme nous venons de le dire, que l'argent a besoin de la confiance pour se produire, faire naître le crédit, et encourager l'établissement de grands travaux.

Il s'agirait maintenant de savoir par quels moyens on pourrait ramener cette confiance, faire renaître ce crédit à chaque crise nouvelle, sur le point de s'évanouir ; faire rentrer en France et faire revenir dans la circulation , pour ne plus en sortir, tout cet or, tout cet argent qu'on s'étonne de ne plus trouver aussi abondants qu'autrefois, et , par conséquent , comment on pourra arriver à redonner une nouvelle vie à nos arts, à nos fabriques , imprimer enfin un nouvel essor à notre commerce , à notre industrie , et surtout à notre agriculture.

Voilà le nœud gordien si difficile à trancher ! voilà le problème si difficile à résoudre ! et ce serait bien là le cas d'y appliquer la pensée que nous avons placée à la tête de ce mémoire : *aux grands maux les grands remèdes* ; et puisque nous en sommes aux essais de réformes et d'améliorations , et qu'après avoir essayé de tout , nous n'avons presque trouvé jusqu'ici que mécomptes et déceptions , pourquoi ne couperions-nous pas dans le vif, et n'essayerions-nous pas , enfin :

Une réforme monétaire et financière ;

Une réforme ou modification dans les impôts ;

Une réforme ou simplification judiciaire ;

Une réforme dans le système hypothécaire ;

Enfin, une réforme pour les grands travaux industriels et agricoles.

C'est à l'examen de ces cinq importantes propositions que nous allons essayer de nous livrer ; et de même qu'aucune volatille dans la basse-cour ne manque à l'appel de la bonne ménagère , dont la main prévoyante distribue chaque jour le grain qui lui est nécessaire ; de même, par la *réforme monétaire et financière* que nous allons essayer de proposer , l'argent monnayé deviendrait infiniment plus abondant , et aucune pièce de monnaie d'or ou d'argent ne pourrait plus rester à l'étranger et rentrerait de suite en France.

De plus , par une *modification bien entendue dans*

les impôts, les ressources publiques et particulières augmenteraient, et les charges deviendraient moins lourdes pour chacun lorsqu'elles seraient plus également réparties.

Tandis qu'encore, par une *simplification dans les rouages judiciaires* et l'application des *arbitrages amiables*, les procès, disparaissant, ne seraient plus une cause de ruine pour les familles.

Enfin, par une *réforme hypothécaire*, les propriétaires écrasés par les gros intérêts pourraient arriver à rembourser immédiatement toutes leurs dettes, et à faire des économies qui leur permettraient de grandes améliorations et de pouvoir exécuter simultanément, sur tous les points de la France, des grands travaux d'endiguement, d'irrigation et de reboisement qui amèneraient d'une part la cessation des inondations, et de l'autre l'extinction du paupérisme. Mais, avant tout, pour arriver à un aussi beau résultat, il faut que l'union et la concorde règnent entre tous les citoyens.

Par ce moyen toutes nos ressources financières, agricoles, commerciales et industrielles seraient considérablement augmentées; tout à coup, et comme par enchantement, elles feraient bien certainement renaître la confiance et le crédit, et augmenteraient insensiblement l'aisance et par conséquent le bien-être de toutes les populations des villes et des campagnes.

Par ce moyen, la plupart des produits de l'agriculture et de l'industrie manufacturière, généralement si dépréciés aujourd'hui, seraient recherchés et renchériraient successivement. Les rentes sur l'Etat, les actions du commerce et de l'industrie, ne tarderaient pas à prendre de la valeur, et partout de nouveaux établissements, de nouvelles entreprises industrielles ne tarderaient pas à se former dans le but d'utiliser ces masses de capitaux créés ou rentrés dans la circulation et dans la disponibilité commerciale et industrielle ; puisque, comme le dit avec une vérité dont nous voyons la réalisation dans une foule de circonstances, le célèbre économiste J. B. SAY : « toute valeur nouvelle pro-« duite ouvre un débouché à une autre valeur produite ; « elle appelle en échange un autre produit. »

Et tout cela se ferait bien certainement sans porter le moindre préjudice à personne, car, bien au contraire, tout le monde, riche ou pauvre, fabricant ou ouvrier, propriétaire ou simple manouvrier, tout le monde y gagnerait ; les fabriques, les ateliers seraient partout occupés, et leurs produits, successivement écoulés, permettraient aux fabricants d'en confectionner sans cesse de nouveaux, et de payer aux ouvriers des salaires suffisans pour pourvoir largement à leur bien-être, à l'entretien de leurs familles et à l'acquittement de leurs impôts ; et pour nous servir encore d'une autre comparaison :

De même que les eaux aspirées par le soleil retombent sur la terre en pluies bienfaisantes, qui, après avoir fertilisé les vallées, forment des ruisseaux, puis des rivières et des fleuves qui vont se jeter dans la mer, dont les eaux sont absorbées encore de nouveau par les rayons du soleil ; de même, par ces réformes sociales et ces améliorations financières et hypothécaires, l'argent sortirait des populations avec abondance pour y rentrer immédiatement par la consommation, la production et le travail, et deviendrait ainsi, sans cesse, une source de richesse et de bonheur pour l'Etat et pour toutes les classes de la société.

Enfin, par ce moyen, on pourrait arriver à réaliser ainsi les principales *réformes* et *améliorations sociales*, si vivement réclamées aujourd'hui, et à rendre le peuple parfaitement heureux et content.

RÉFORME MONÉTAIRE ET FINANCIÈRE.

Considérations générales sur les Monnaies.

Les plus anciennes traditions, et le témoignage des voyageurs modernes nous apprennent que dans l'enfance des sociétés, les ventes et les achats s'opéraient par voie de trocs ou d'échanges en nature.

Mais, partout où la civilisation a fait quelques progrès, les imperfections et les inconvénients sans nombre attachés à ce mode de transaction, ont conduit les hommes à choisir entre toutes, une denrée particulière pour en faire spécialement un instrument d'échange.

Les métaux, et surtout ceux qui sont les plus rares, l'*or* et l'*argent*, ont été dans tous les temps, et à peu près dans tous les pays, consacrés à cet emploi.

D'un aspect agréable, incorruptibles, d'une valeur plus lente à varier, que celle de la plupart des marchandises ou des denrées ; susceptibles, grâce à la similarité de leurs parties, de se partager en fractions de prix égales ; d'un transport facile et d'un commerce universel ; l'*or* et l'*argent* offraient naturellement un terme de comparaison à toutes les valeurs, et un moyen d'échange à tous les besoins.

Plus tard, on a compris quels avantages et quelle célérité on procurerait aux opérations continuelles du commerce et de l'industrie, si l'on donnait à des fractions déterminées de métal une forme et une empreinte qui, certifiant à tous la valeur RÉELLE ou CONVENTIONNELLE, épargnerait aux vendeurs la nécessité d'en vérifier, à chaque échange ou à chaque opération, la valeur, le titre et le poids.

Ces pièces de métal, qui en général affectent une

forme ronde , fabriquées au nom et sous la garantie de la nation et du chef de l'Etat , selon des conditions fixes et connues , forment la denrée que l'on appelle MONNAIE.

Chez certains peuples , la MONNAIE fut quelquefois de cuir , d'autres fois de fer , de plomb , mais plus généralement d'*or* , d'*argent* et de *cuivre* , les deux premiers plus ou moins mélangés ou alliés avec le cuivre. En Egypte et dans l'Inde , de simples coquillages enfilés comme des chapelets remplissent encore les fonctions de monnaie courante pour les échanges. Tandis que dans le vaste empire de la Chine , la monnaie la plus généralement employée est en cuivre et percée d'un trou au milieu , au travers duquel on passe un lien pour les réunir en paquets.

Là toutefois ne devait pas se borner le mouvement industriel monétaire ; aux peuples modernes , il était réservé d'étendre le domaine de ce genre de relations commerciales par l'invention d'abord de la LETTRE DE CHANGE , puis du BILLET DE BANQUE et des ACTIONS INDUSTRIELLES.

On sait qu'en eux-mêmes une *lettre de change* , un *billet de banque* , une *action industrielle* , ne sont que des chiffons de papier dont la fabrication peut couter tout au plus 50 centimes ; cependant , aussi longtemps que les maisons de commerce ou les particuliers qui ont émis ces lettres de change , aussi longtemps que le gouvernement ou les compagnies qui ont émis ces billets de banque ou ces actions industrielles , jouiront de leur crédit , c'est-à-dire , tant que l'opinion générale estimera qu'elle voudra et pourra payer à présentation ou à terme , sur ce chiffon de papier , la somme de 100 , de 500 ou de 1,000 fr. , et plus , ces lettres de change , ces billets de banque et ces actions industrielles , circuleront dans le commerce et dans toutes les transactions publiques ou particulières, pour une somme égale, plus forte ou moindre, c'est-à-dire, avec une augmentation ou dépréciation plus ou moins grande, suivant l'opinion que l'on a sur ces valeurs, la solvabilité et les garanties offertes par les souscripteurs ou les émissaires de ces lettres de change, de ces billets ou de ces actions industrielles.

Ce que nous venons de dire sur l'origine et la nature de la monnaie, établit clairement qu'il n'est point de son essence qu'elle soit de métal; qu'il n'est pas nécessaire non plus que la denrée choisie pour servir de signe monétaire ait par elle-même, et abstraction faite de l'usage auquel elle est destinée, une valeur intrinsèque ou une valeur égale à la somme qu'elle représente, qu'elle peut donc être CONVENTIONNELLE.

On objectera, sans doute, que les gouvernements de tous les pays ont reconnu qu'il fallait apporter dans la fabrication des monnaies une fidélité telle pour le poids, c'est-à-dire, pour la valeur réelle et intrinsèque et pour l'alliage, ou le mélange avec les autres métaux, que la fraude devint très-difficile, et que, dès-lors, le poids et l'alliage fussent toujours en rapport avec la valeur de la pièce, et que, partant de là, il serait dangereux de s'éloigner de ce principe.

Cependant il est une foule d'exemples de dérogation à ce principe que nous pourrions citer, et entre autres la *Suisse*, et au reste, le phénomène d'une monnaie, circulant librement, sans que la matière qui la compose n'ait d'autre prix que celui qu'y attachent les conventions, se produit toutes les fois qu'un gouvernement, qu'une compagnie le veulent. Mais, en général, cela ne peut avoir lieu, ainsi que nous venons de le faire apercevoir, que de deux manières :

1° Par une MONNAIE égale ou moindre que la somme qu'elle représente ;

2° Par un PAPIER DE BANQUE, une action hypothécaire, industrielle ou autre.

MONNAIES EMPLOYÉES EN FRANCE.

D'après les calculs qui ont été faits, on évalue les pièces de monnaies d'or, d'argent ou de cuivre, qui ont été mises en circulation en France depuis l'introduction du système décimal jusqu'en 1833, ainsi qu'il suit :

Pièces d'or au type de	Napoléon	528,024,640.
	Louis XVIII	389,333,060.
	Charles X	52,918,920.
	Louis-Philippe	52,020,200.
Pièces d'argent au type de	Napoléon	887,830,055.
	Louis XVIII	614,830,110.
	Charles X	632,511,321.
	Louis-Philippe	371,960,787.
	TOTAL	3,529,429,093.

A ce nombre, il faudrait ajouter environ douze millions de monnaies supprimées, de Turin, de Gênes, de Rome, de Genève, d'Utrecht, jusqu'en 1814, et 56 millions de monnaies de cuivre, ce qui porte le chiffre total de la monnaie livrée à la circulation jusqu'en 1833, à plus de 3 milliards 1/2 de francs ; et si l'on évalue toutes les monnaies fabriquées depuis 1833 jusqu'en 1849, c'est-à-dire, dans l'espace de seize ans, à 1 milliard 1/2, cela porterait ce chiffre à plus de 5 milliards.

Si nous supposons qu'il existe beaucoup de pièces de monnaie d'or ou d'argent au type de France, en circulation en Suisse, en Italie, en Angleterre, en Allemagne et dans diverses autres contrées, et si nous admettons qu'il y en ait dans ce moment, par diverses causes et surtout par suite de la révolution de février 1848, pour une somme d'environ 1 milliard 1/2, nous aurons toujours une valeur de 4 milliards 1/2 d'argent monnayé en or ou en argent, qui est bien loin d'être, certainement, dans la circulation française.

Pour procurer la rentrée de cet argent, de cet or, qui circulent à l'étranger, mais qui ne rentrent presque plus en France, nous ne voyons pas d'autre moyen que de déprécier la monnaie elle-même en augmentant sa valeur nominative. Ainsi, par exemple, pour procéder avec ordre :

Que, dans les *monnaies de billon* ou de *cuivre*, la petite pièce de 2 centimes 1/2 valût 5 centimes, et celle de 5 centimes 10 centimes, ce qui permettrait la suppression de la grosse pièce actuelle de 10 centimes, monnaie très-incommode à porter, et permettrait une refonte générale de la monnaie de cuivre.

Que, dans les *monnaies d'argent*, la pièce de 25 centimes valût 50 centimes, celle de 50 centimes 1 franc, celle de 1 franc 2 francs, et celle de 2 francs 4 francs, et que l'on créât une pièce de 5 francs, et qu'enfin la pièce actuelle de 5 fr. valût 10 francs, alors cette pièce serait essentiellement décimale.

Qu'enfin, dans la *monnaie d'or*, il fût créé une petite pièce de 20 francs, que la pièce de 20 francs valût 40 francs, celle de 40 fr. 80 francs, et celle de 100 francs 200 francs.

Mais, pour obtenir ce résultat, et pour que les diverses pièces de monnaie pussent arriver à avoir cours forcé pour la valeur qu'on leur attribuerait, il faudrait que, dans un délai fixé, chacune de ces pièces pût recevoir un poinçon spécial en payant un droit proportionnel de 10 pour 0/0, ce qui rapporterait au gouvernement une somme énorme , et permettrait de faire disparaître de la circulation toutes les pièces incertaines , effacées ou fausses.

Nous sommes bien persuadé que la proposition de *réforme monétaire* , que nous venons de présenter , ferait naître de grandes objections , telles que le renchérissement de certaines choses, de certaines denrées ; mais, en définitive , nous sommes fondés à croire que personne n'y perdrait ; l'Etat , qui a le monopole des monnaies , y gagnerait considérablement. , cette fabrication devenant pour lui un grand surcroît de produit. La banque de France y gagnerait aussi beaucoup , de même que les banquiers ; et il n'est pas jusqu'aux capitalistes , aux industriels , aux propriétaires , aux simples ouvriers mêmes , qui n'y gagneraient aussi quelque chose. On pourrait objecter , avec une certaine raison , que ce serait encourager la fabrication de la fausse monnaie.

On pourrait objecter encore que ce serait prohiber la sortie du numéraire de la France. Et quel mal y aurait-il là ? Au reste , pour remédier à cela, ne sait-on pas que , dans les principales villes commerciales de la France et de l'étranger , il y a des effets et des papiers de banque qui remplacent au besoin la monnaie métallique.

Les capitalistes, les négociants, les industriels , les agriculteurs , voyant l'argent ausssi abondant , se décideraient à améliorer les terres et leurs exploitations , à créer de vastes entreprises , et à employer toutes ces ressources d'une manière utile.

MODIFICATIONS DANS LES IMPOTS.

Tout le monde semble admettre aujourd'hui que presque tous les impôts qui pèsent sur les contribuables, sur le commerce et l'industrie , sont mal répartis , et que dès-lors il y aurait des *diminutions* à faire sur quelques-uns , des *augmentations* à opérer sur quelques autres ; qu'enfin un grand nombre d'impôts seraient à supprimer entièrement, et d'autres impôts seraient à créer ; il nous serait facile de présenter un grand nombre d'exemples à l'appui de cette assertion. Bornons-nous à deux citations :

On sait que , dans l'ENREGISTREMENT , le *droit* de *vente* sur les immeubles est fixé à 5 1/2 et le décime ; et que presque tous les acquéreurs dissimulent le prix de leurs acquisitions, afin d'avoir moins à payer au fisc. On sait aussi que, parfois, les notaires sont forcés de se prêter à cette dissimulation.

En portant le droit à 3 p. 0/0, avec triple amende et avec condition de l'enregistrement des actes sous seing privé, dans les délais fixés par la loi du 22 frimaire an 7, sous peine de nullité, on verrait bien certainement cesser ce fâcheux état de choses, aussi nuisible à la moralité qu'aux intérêts du trésor.

Et, d'une autre part, celui qui achète une propriété, ne pouvant pas ajouter foi aux prix et conditions de paiement stipulés dans l'acte de vente, est obligé de faire estimer cette propriété par des experts, opération souvent très-incertaine et presque toujours plus ou moins dispendieuse. La nouvelle mesure que nous proposons remédierait à ce fâcheux état de choses.

L'usage du TABAC est devenu général en France, et il est reconnu qu'il est la cause d'un grand nombre d'inconvénients et surtout de maladies qui, à la longue, procurent l'affaiblissement des forces physiques et morales de l'homme.

Il est bien pénible de penser qu'il est des personnes qui sont tellement habituées à faire usage du tabac, qu'elles consentiraient peut-être plutôt à se passer de pain que de tabac. Dès-lors, puisqu'on ne peut pas proscrire le tabac, on devrait chercher à atténuer et à modifier ses effets désastreux et narcotiques par des mélanges et surtout à en diminuer le prix.

Ainsi, par exemple, il conviendrait de porter à 2 fr. le kilogramme le prix du *tabac ordinaire* qui est aujourd'hui de 8 fr., laissant aux *tabacs étrangers* et de luxe, destinés pour les classes riches de la société, les prix de 50, 100 et 125 fr. le kilogramme.

Il conviendrait aussi de porter à 1 fr. le prix du cent de *cigarres*, laissant à 10, à 40, à 50, à 75 fr. le cent de cigarres étrangers et de luxe.

Dans des vues d'hygiène et de salubrité publique et même d'agrément, et dans l'intérêt du fisc même, on devrait aussi introduire et populariser en France l'usage non-seulement des tabacs adoucis au moyen du benjoin et autres substances aromatiques, mais encore l'usage des *fumigations aromatiques* et des cigarres et des cigarettes employées par les peuples des contrées de l'Inde et de la Chine; par ce moyen on arriverait à rassainir l'air des habitations et des promenades publiques qui ne seraient plus infectés de l'odeur désagréable et nauséabonde du tabac, et on verrait aussi, par suite, diminuer certaines maladies, surtout les maladies de poitrine.

SIMPLIFICATION DANS LES ROUAGES JUDICIAIRES.

Lorsqu'un tribunal est appelé à juger un différent, que fait-il? Les juges, pour éclairer leur religion, nomment des EXPERTS qui sont chargés de faire un rap-
C'est en général sur ce rapport que les juges

2

statuent. Mais que de peines, que de soucis, de tribulations et d'inquiétudes ! que de temps perdu et de frais avancés pour arriver à la solution d'un procès?.. Aussi dit-on avec raison : Pauvres plaideurs, prenez patience !...

Si, dès qu'une contestation s'élève, un tribunal d'AMIABLE COMPOSITION, dans le genre des *prud'hommes*, formé de personnes honnêtes, désintéressées et versées non-seulement dans la jurisprudence, mais encore dans les autres sciences, les arts, le commerce, l'industrie, était appelé à donner son avis sur cette contestation, à la juger même au besoin, dans le cas où les parties ne pourraient ou ne voudraient pas s'entendre, quel bien n'en résulterait-il pas pour la société?...

Ce que nous disons là pour les discussions entre citoyens, pourrait bien certainement s'appliquer encore, sans inconvénients, pour les différents qui existent entre les nations.

Et, dès-lors, pourquoi ne pourrions-nous pas, avec *Sully*, avec *Henri IV*, avec *Bernardin*, avec *Guillaume Penn*, avec *l'abbé de St. Pierre*, émettre le désir de voir l'ARBITRAGE terminer les différents non-seulement entre les citoyens, mais encore entre tous les peuples, et, avec ces cinq célèbres philantropes, pourquoi ne pourrions-nous pas former le vœu d'une union vraiment fraternelle, d'une paix universelle, permanente !

Enfin, pourquoi ne pourrions-nous pas proposer aussi avec Xénophon, qui disait qu'au lieu d'établir des punitions contre les méchants, il fallait plutôt faire en sorte qu'il n'y eût pas de méchants ; et de même qu'au lieu d'établir tant de lois pour régler et terminer les différents et les procès, pourquoi ne pas plutôt faire en sorte qu'il n'y ait pas de procès ! Nous le

répétons encore en terminant, les ARBITRAGES AMIA-
BLES bien établis sont les seuls moyens d'arriver à ce
but d'union, de conciliation et de paix entre tous les
citoyens.

RÉFORME HYPOTHÉCAIRE.

Aujourd'hui tous les esprits paraissent portés vers
l'établissement des BANQUES OU CAISSES HYPOTHÉCAI-
RES destinées à venir en aide à l'agriculture, qui se
trouve ruinée par le service des intérêts élevés qu'elle
paye aux capitalistes.

Cependant il est bon de dire qu'un établissement
pareil, qui pourrait verser tout à coup dans la circulation des valeurs en papier que l'on pourrait, sans exagération, porter au chiffre énorme d'environ 10 *milliards
de francs*, pourrait avoir les plus graves inconvénients
et jeter la perturbation dans un grand nombre de
familles.

Si l'établisssement de ces caisses hypothécaires doit
avoir lieu, voilà sous quel aspect l'envisagent la plupart
des personnes qui l'ont étudié, et comme nous l'envi-
sageons nous-mêmes, sans toutefois nous départir de
nos craintes et de nos prévisions désastreuses.

Cette *banque hypothécaire* pourrait être fondée par
le Gouvernement, et pourrait prêter sur tous les immeubles, jusqu'à la concurrence de la moitié de la valeur réelle de ces immeubles, francs, bien entendu, de
toutes hypothèques, même de celles légales ou autres,
dont les emprunteurs seraient tenus de justifier.

Prêtant à 3 pour 0/0 par an, cette banque aurait
entre autres avantages incontestables, celui de permettre au propriétaire foncier de se libérer des hypothèques onéreuses dont l'intérêt est généralement de 6

pour 0/0 , qui grèvent ses propriétés , et de pouvoir obtenir de grandes améliorations au moyen des ressources que lui présenteraient les billets de la banque hypothécaire de diverses coupures de 100 , de 500 ou de 1,000 fr. qui lui seraient remis.

Ces billets , qui devraient nécessairement avoir cours forcé , présenteraient bien certainement les mêmes avantages et les mêmes sécurités que les engagements ordinaires avec affectation d'hypothèque (mais seulement ils ne rapporteraient pas d'intérêt) ou que les billets de la Banque de France ; ils pourraient peut-être arriver à être aussi recherchés que la monnaie métallique elle-même.

Mais seulement la quantité considérable de ces billets qui pourraient être lancés tout à coup dans la circulation , pourrait en déprécier la valeur. Ainsi , par exemple , le vendeur d'un objet pourrait exiger en paiement une valeur autre que le billet de la banque hypothécaire , ou augmenter le prix de l'objet à vendre dans une proportion plus ou moins forte , ce qui mettrait une entrave dans les transactions, et surtout dans les ventes d'immeubles.

Ces billets hypothécaires pourraient servir , soit à payer les créances inscrites , et alors dispenseraient des frais auxquels entraîne le système des hypothèques actuel , soit à apporter , ainsi que nous l'avons déjà dit , des améliorations dans l'agriculture et dans les diverses branches de commerce et d'industrie exploitées par les personnes qui auraient emprunté à des conditions aussi peu onéreuses.

Ils pourraient avoir aussi bien certainement pour résultat d'abolir les prêts usuraires et de rendre les ressources financières beaucoup plus abondantes ; et enfin , en définitive , d'augmenter dans une grande proportion la richessse particulière et nationale , et surtout la richesse agricole , en permettant de pouvoir obtenir des résultats heureux pour le pays, et de faire sur une grande échelle les travaux d'améliorations , dont nous parlerons dans le chapitre suivant.

Cette banque hypothécaire aurait enfin pour résultat bien incontestable de créer des ressources immenses au Gouvernement, que , sans exagération , on pourrait évaluer à plus de 100 millions de francs par an.

AMÉLIORATIONS AGRICOLES.

Nous allons citer un exemple qui prouve combien une seule idée , sagement conçue et habilement exécutée , peut influer sur le bonheur d'une nation.

Les annales de l'histoire du peuple chinois rapportent que l'an 2297 , avant l'ère chrétienne , la 61me du règne de l'empereur YAO , il y eut en Chine une inondation si forte et si générale , que les eaux des trois principaux fleuves se mêlèrent et ruinèrent toutes les campagnes. Le désordre qu'elles occasionnèrent dans l'empire , et le triste état où elles réduisirent le peuple , causèrent les plus vives inquiétudes à l'Empereur.

Quelque historiens ajoutent que celui-ci , après avoir fait visiter les lieux inondés et ravagés , par ses ingénieurs , ordonna de suite de *grands travaux pour l'endiguement* , non-seulement des ravins , mais encore des ruisseaux , des rivières et des fleuves ; ces travaux d'endiguement qui , depuis une époque si reculée , existent encore aujourd'hui , font la richesse et la sécurité du pays.

L'espace compris entre les murs de soutènement de ces endiguements formait, à la longue , des *terrasses*.

Ces *terrasses*, qui commençaient au bas des ravins

et s'élevaient successivement et en diminuant de grandeur jusqu'aux sommets les plus élevés des rochers et des montagnes, étaient destinées à retenir les eaux et les terrains si disposés à descendre et à se précipiter dans les vallées. Ces terrains, formés à la longue par des atterrissements successifs, étaient plantés d'arbres, et les eaux recueillies dans des réservoirs servaient à l'irrigation.

En France, où les débordements et les inondations des ruisseaux, des rivières et des fleuves, sont si fréqnents, et portent un si grand préjudice à l'agriculture, et, en définitive, à la propriété ; car il arrive que les eaux pluviales et torrentielles, se précipitant des montagnes, emportent avec elles le peu de terre végétale qui reste sur leurs versants, et que les terrains qui sont placés au-dessous sont brûlés pendant l'été, tandis qu'ils sont inondés, couverts de sables et de pierres pendant l'hiver, le printemps ou l'automne ; en France, disons-nous, ne serait-il pas possible d'exécuter des travaux semblables à ceux de la Chine, et de trouver en même temps dans ces travaux la solution des trois autres grandes questions qui ont été si longtemps débattues sans avoir jamais encore été résolues ?

1º De rendre les INONDATIONS impossibles, tout en procurant à l'agriculture une grande quantité de terrains jusqu'alors considérés comme perdus ou de peu de valeur, et par conséquent improductifs, et arriver ainsi à augmenter la richesse et la production territoriale.

2º De rendre le REBOISEMENT facile dans toutes les parties accidentées ou montagneuses de la France, en exemptant d'impôts les nouveaux terrains obtenus pendant un certain nombre d'années, et en accordant une prime ou encouragement en argent pour chaque arbre à plein vent forestier ou fruitier qui, à partir d'une époque déterminée, serait planté dans les terrains d'alluvion formés par les endiguements qui auraient été construits d'après des indications particulières et d'après des instructions générales adressées aux maires de toutes les communes de France.

3° Enfin, de procurer de GRANDS TRAVAUX pour occuper, d'une manière utile et productive pour le pays, toutes les populations inoccupées ; ce qui fournirait, bien certainement, le moyen de diminuer d'abord, d'éteindre ensuite entièrement la mendicité, et par conséquent d'amener l'*extinction du pauperisme*, par la possibilité d'avoir, pendant plusieurs années, de grands travaux d'endiguement, de terrassement et d'irrigation, où tous les ouvriers valides, les femmes, les enfants même pourraient trouver du travail.

Si ces travaux de terrassement : qui ne sont pas, au reste, chose nouvelle, puisqu'ils auraient une certaine analogie avec ceux qui existent déjà dans certaines localités de la France, et surtout dans les *Cevennes*, et qui ont été déjà signalés à l'agriculture dans plusieurs ouvrages, et notamment dans celui sur l'*Industrie française*, du célèbre CHAPTAL.

Si ces travaux de terrassement, d'endiguement, de reboisement et d'irrigation, étaient entrepris simultanément et avec précision sur tous les points de la République, ils n'auraient point, bien certainement, les inconvénients de nos malheureux ateliers nationaux de 1848, dans lesquels un grand nombre d'ouvriers, plus politiques qu'industriels, et égarés par de fausses doctrines, étaient agglomérés et travaillaient sous les ordres de chefs indisciplinés, plus disposés, comme nous l'avons vu en juin 1848, à se soulever qu'à contribuer à la réussite des travaux qu'ils étaient appelés à diriger.

CONCLUSION.

On a généralement fait cette remarque , que la création d'un établissement , d'une industrie dans un pays donnait toujours naissance à d'autres établissements , et amenait nécessairement avec elle d'autres industries.

L'agriculture , le commerce , l'industrie, qui , dans le principe , avaient été gênés dans leur marche par l'établissement de la République , n'ont pas tardé à prendre un certain essor par la nomination de Napoléon à la présidence , et par les nouvelles institutions qui ont été créées , les nouvelles lois qui ont été faites , bien certainement ils prendraient un plus grand essor encore si des développements nouveaux , si des institutions nouvelles leur étaient accordés.

Dès-lors , si la réforme monétaire et financière que nous proposons dans le cours de cet écrit était adoptée ; si tous les impôts étaient modifiés et établis avec équité ; si les tribunaux , simplifiés et remplacés par des arbitrages amiables , parvenaient à empêcher les procès d'avoir lieu ; si l'usure abolie , une banque hypothécaire , sagement établie , pouvait permettre aux propriétaires d'exploiter avec avantage le sol de leurs propriétés et de se livrer à de grands travaux ; si , enfin, au moyen de ces grands travaux, les inondations ne pouvaient plus avoir lieu , le reboisement pouvait s'établir , et la mendicité pouvait disparaître , quel bien n'en résulterait-il pas pour la France ?...... Mais encore avant tout , ainsi que nous l'avons déjà dit , pour arriver à un résultat aussi satisfaisant , il faut la *fusion de tous les partis* et que l'union et la concorde règnent entre tous les citoyens.

Nîmes , Typ. C. Durand-Belle.

www.ingramcontent.com/pod-product-compliance
Lightning Source LLC
Chambersburg PA
CBHW051415060726
47596CB00005B/2239